Ludv

Ein deutscher Ma

Lebensgeschichte für Jung und Alt erzählt

Johannes Ninck

Alpha Editions

This edition published in 2022

ISBN : 9789356710313

Design and Setting By
Alpha Editions
www.alphaedis.com
Email - info@alphaedis.com

Contents

Ludwig Richter.
Ein deutscher Maler und Hausfreund.

Alle die vielen schönen Bilder, mit denen dies Büchlein geschmückt ist, sind von ein und demselben Manne gezeichnet worden. Um sie abdrucken zu können mußte jede Zeichnung dann noch mit einem scharfen Messer in hartes Holz hineingeschnitten werden, daher nennt man diese Bilder Holzschnitte. Wer hätte nicht seine Freude an diesen feinen Holzschnitten! Versuch einmal sie nachzuzeichnen. Dann merkst Du erst, wie viel Mühe und Sorgfalt hinter diesen saubern Bildchen steckt. Wieviel Striche und Strichlein gehören zu solch' einem hübschen Ganzen!

Aber ehe der Maler seine Striche machte, mußte er sich das Bild erst im Kopfe ausdenken, mußte er seine Gedanken schnell in einigen Umrissen aufs Papier bringen; das nennt man einen Entwurf, eine Skizze. Der erste Entwurf gefiel ihm nicht und er versuchte einen zweiten, dritten Entwurf. So hat er für ein einziges Bildchen manchmal 5 bis 10 Skizzen gemacht, bis es ihm endlich gefallen und gelingen wollte. Solche Bilder zu schaffen, wie wir sie hier vor uns sehen, dazu gehört nicht blos viel Arbeit, nicht blos eine lange Übung und Ausbildung, sondern vor allem eine große Kunst! Und nun denke, der Mann, der uns die 50 Holzschnitte dieses Heftes gezeichnet, hat im Ganzen 3334 solcher Holzschnitte geschaffen! und viele sind noch weit größer und figurenreicher als die in unserm kleinen Buche enthaltenen. Das muß ein fleißiger Mann gewesen sein! Wie heißt er nur? Auf vielen seiner Holzschnitte findet man an irgend einem verborgenen Plätzchen ein L. R. stehen, das bedeutet: Ludwig Richter. Außer jenen Holzschnitten hat dieser große weltberühmte Künstler auch noch prächtige farbige Ölgemälde und andere Arten von Bildern, z. B. sog. Radierungen, Stahlstiche, in Menge hervorgebracht. Am liebsten aber hat er Bücher mit Bildern geschmückt, und am allerliebsten für die Jugend. So hat er zum Robinson Crusoe und zu manchem Märchenbuch die Bilder gezeichnet. Es ist gewiß Niemand unter meinen Lesern, der nicht schon Illustrationen von der Hand dieses trefflichen Meisters Ludwig Richter gesehen und sich daran erfreut hätte. Mir ist er ein lieber Freund gewesen von Jugend auf, und ich habe ihn auch persönlich gekannt. Jetzt weilt er schon manches Jahr nicht mehr unter den Lebenden. Ich will ein wenig aus seinem Leben, besonders von seiner reichbewegten Jugend, erzählen.

1. Ludwig Richters Elternhaus.

Dresden, die sächsische Residenz, ist schon von manchem Reisenden für die schönste Stadt Deutschlands erklärt worden. Einmal nämlich liegt sie am herrlichen Elbestrom, unweit den waldigen Bergen der sächsischen Schweiz und des Erzgebirges, und zum andern zeichnet sie sich aus durch fürstliche Gebäude und reiche Kunstschätze. In dieser Stadt wurde Adrian Ludwig Richter am 28. September 1803, also am Tage vor Michaelis, geboren. Sein Vater war ein unbemittelter Landschaftszeichner und Kupferstecher; zu dem Ältesten, Ludwig, gesellten sich später noch 2 Söhne und eine Tochter. Vom Vater her sollte Ludwig eigentlich katholisch erzogen werden; weil jedoch seine Mutter evangelisch war und blieb, so fühlte er sich auch in der evangelischen Kirche heimisch.

Zu den größten Freuden gehörte es für den kleinen Ludwig allemal, die Großeltern Müller zu besuchen, die in Dresden ein kleines Kaufmannslädchen und ein Haus mit sehr großem Garten besaßen. Auf dem Wege dahin kam der dreijährige einst an einem schönen Rasenplatz vorüber mit vielen blauen Glocken- und Sternblumen, die ihn aufs allerlebhafteste fesselten. Als er nach dem Kaffee beim Großvater einen Augenblick sich selbst überlassen war, fielen ihm die lieblichen Blümlein wieder ein, die ihm solche Freude bereitet hatten. Flugs machte er sich auf, wackelte vertrauensselig durch mehrere einsame Gassen zurück zu dem schönen Rasenplatz, und pflückte für Großpapa einen großen Strauß; aber statt nun dessen Haus wieder zu finden, trippelte er in der entgegengesetzten Richtung immer fort. Um Mitternacht stand das kleine Männlein, den Blumenstrauß immer noch fest in der Hand mitten auf dem mondscheinbeleuchteten Marktplatz vor dem Rathause, ein winziges ängstliches Figürchen auf dem weiten öden Platze – da kam der Rettungsengel in Gestalt eines Nachtwächters, den Dreimaster auf dem Kopfe und den Säbel an der Seite, und trug den Flüchtling zu der in Todesängsten schwebenden Mutter, die ihren Verlust bereits auf dem Rathause gemeldet hatte. Dies Erlebnis bildete eine der frühesten unauslöschlichen Erinnerungen Ludwig Richters.

Wie viele Herrlichkeiten gab es doch bei den Großeltern! Schon das
Kauflädchen war ein höchst interessantes Heiligtum: Das Fenster außen

garnirt mit hölzernen, gelb und orange bemalten Kugeln, welche Citronen und Apfelsinen vorstellten; dann der große blanke Messingmond, vor welchem Abends die Lampe angezündet wurde und welcher dann mit seinem wunderbaren Glanze das Lädchen in einen Feenpalast verwandelte; die vielen verschlossenen Kästen, der anziehende Syrupständer, die Büchsen mit bunten Zuckerplätzchen, Johannisbrot und andern Süßigkeiten! Und der Besitzer aller dieser Schätze war der Großvater unseres Ludwig! und der steckte seinem Enkel gar gern etwas zu! Mit einer großen Zipfelmütze auf dem Kopf und einer braunen Schürze vor der Brust fuhr er geschäftig in dem Lädchen hin und her und gab jedem das Seine. Die Klingel an der Tür bimmelte unaufhörlich – da wogte es beständig aus und ein – ein buntes Treiben für das aufmerksame Auge des künftigen Malers.

Ein Hauptvergnügen verschaffte unserm Ludwig der dicke Stoß bunter Bilderbogen, welche der Großvater zum Verkauf hielt. Der Verfertiger dieser »Kunstwerke«, ein gewisser Rüdiger, den Ludwig mit ehrfurchtsvoller Bewunderung in seinem großen Dreimaster, grünen Frack und Schnallenschuhen die Straße hinabwandeln sah, mag ihm damals als ein großer Meister erschienen sein.

Und dann welche Freude bot der große Garten des großelterlichen Hauses! Da wurde gespielt, geklettert, gepflückt nach Herzenslust. Ein Lieblingssitz war der uralte Birnbaum mit seinen mächtigen Ästen. Manche Stunde verbrachte der kleine Ludwig träumerisch in dem grünen Gezweig, um sich die zwitschernden Finken und Spatzen, mit welchen er zur Zeit der Reife die zahllosen Birnen des alten Baumes teilte. Von diesem verborgenen Aufenthalte überblickte man den ganzen Garten mit seinen Sträuchern und Beeten und Blumen und Wegen, blickte über die Gartenmauern hinweg zu den gelben Kornfeldern und fernen Höfen.

Ja das waren goldene Jahre, die Kindheit im Hause der Eltern und Großeltern. Aber es wird Zeit, unsern Ludwig zu begleiten auch in

2. die Schule.

Das Schönste und Berühmteste im heutigen Dresden ist das Museum am Zwinger; wer das nicht gesehen hätte in Dresden, der wäre in Rom gewesen ohne den Papst zu sehen. In dem Museum hängen hunderte der herrlichsten Gemälde aus allen Zeiten und Ländern, und in einem Zimmer ganz allein, wie in einer Betkapelle, hängt die himmlische Mutter mit dem Kinde, von Raffael gemalt, die sog. sixtinische Madonna, das weltberühmte Bild, das zu dem schönsten gehört was menschliche Hand aufs Papier gezaubert hat.

Vor hundert Jahren nun, da stand an der Stelle, wo heute dies Museum mit der sixtinischen Gottesmutter sich erhebt, ein schmuckloses Häuslein, drin saß alltäglich eine Schaar munterer Büblein in Reih und Glied, mit Schiefertafel und Stift in den Händen, und der gestrenge Herr Lehrer schrieb ihnen Buchstaben an die Wand zum Nachschreiben, und Zahlenexempel zum Ausrechnen. Es war die Schule unseres kleinen Ludwig Richter. Er bekennt selbst, daß sie ihm nicht viel Freude gemacht, daß sie ihm statt der Birnen im großelterlichen Garten – Kopfnüsse gebracht ohne Zahl, weil ihm besonders das Rechnen gar nicht in den Kopf wollte. Die schöne Fläche der Schiefertafel hatte für ihn etwas sehr verlockendes, nämlich statt mit Ziffern, sie mit Zeichnungen zu füllen. Eines Tages war er gerade daran, eine große Schlacht zu malen mit viel Soldaten und mächtigem Pulverdampf. Und auch sein Nachbar auf der Bank schaute statt zu rechnen lieber zu, wie diese Schlacht da auf der Tafel ablief. Ganz in seine Zeichnung vertieft rief der junge Künstler halblaut: »Jetzt muß die Kavallerie einhauen«, im selben Augenblick schlug das Rohrstäbchen des Lehrers ganz unbarmherzig auf ihn los: »ja einhauen soll sie, einhauen soll sie« – so wurde es zur Tat gemacht, was Ludwig hatte abbilden wollen. Die Tafel wurde ihm abgenommen und dem Direktor vorgelegt. Er selbst wurde bei den Ohren zur Türe geführt, und dort mußte er knien bis die Stunde aus war und die Reutränen flossen.

Anders als beim Rechenlehrer erntete Ludwig in der Schreibstunde großes Lob. Die großen kunstvollen Vorschriften, welche er gemacht hatte, hingen, wie er selbst mit Stolz erzählt, noch lange unter Glas und Rahmen in der Klasse.

Da der Weg zur Schule sehr weit war, bestellten die Eltern einen vorgerückteren Schüler als Mentor, welcher ihren Ludwig täglich gegen eine kleine Vergütung abholen und wieder heimbringen mußte. Obwohl er Gabriel hieß, hatte er mit einem Schutzengel doch keine Ähnlichkeit, sondern war für Ludwig ein grausamer Tyrann, ja entpuppte sich zuletzt als ein Verführer. Eines Tages wollte er den Kleinen zwingen, einem Trödler, bei dem sie auf dem Schulwege vorüberkamen, ein Buch für ihn abzustehlen. Ludwig gab unter vielen Tränen seinen schändlichen Drohungen nach und brachte ihm das Gewünschte; er gestand es aber sogleich den Eltern und wurde nun von dem gewissenlosen Menschen befreit. Als er später mit dem ersten Künstlerruhm von Rom zurückkehrte, fand er diesen Gabriel als Brezeljungen an einer Straßenecke stehn. Unehrliche Leute bringens im Leben nicht weit. – Bald nach genanntem Vorfall wurde Ludwig selbst der Führer seines jüngern Bruders Willibald, der in die gleiche Schule kam; treulich wartete er auf ihn bis seine Klasse aus war, und ging dann Hand in Hand mit ihm dem Elternhause zu. Drollig sahen die beiden Brüder im Winter aus, da sie in gleichen Pelzmützen und in gleichen Mänteln prangten, aus Großvaters altem braunen Kapuzinerkuttenmantel gefertigt. Dazu trug jeder ein Paar Fausthandschuhe, an grünen Bändern befestigt. Und wenn sie so mit ihren Ränzeln ehrbar nach Hause wanderten, dann kam ihnen wohl eine Schar evangelischer Knaben in den Weg, titulirten sie: »katholische Möpse« und begannen ein Handgemenge. Schneeballen flogen, Lineale und

Bücher dienten als Waffen – aber zuletzt wurden die »Katholischen« aufs Haupt oder auf die Pelzmütze geschlagen und mußten unter Hohngeschrei der »Evangelischen« den Rückzug antreten.

Ergötzlicher waren die vielen in Läden ausgestellten Bilder und Raritäten, an denen der Schulweg vorbeiführte. Der höchste Kunstgenuß aber wurde unserm Ludwig zu Teil, als eines Tages der Vater einen großen Pack mit Kupferstichen und Zeichnungen heim brachte, die er von den Erben eines verstorbenen Künstlers billig erstanden hatte. Manche Stunde saß nun das Söhnlein vor den schönen Bildern, lauschte mit Begier den Erklärungen des Vaters, welcher darüber ganz gesprächig wurde, und so erwuchs, ihm selber unbewußt, eine Liebe zur Kunst in ihm, die später die schönsten Früchte bringen sollte.

3. Kriegszeiten.

An einem schwülen Sommerabend des Jahres 1811 standen die Dresdener in Gruppen auf der Straße und sahen zum Himmel. Ludwig und sein Vater gesellten sich zu ihnen. Sie schauten – den Kometen, einen großen Stern, der mit langem Feuerstreif unheimlich geisterhaft über den dunkeln Häusern schimmerte und die Gemüter mit Bangen erfüllte. Man erblickte darin ein Anzeichen neuer großer Kriege, die über die beunruhigten Völker heraufziehen würden.

Hielt doch seit Anfang des Jahrhunderts der Franzosenkaiser Napoleon I. ganz Europa in Aufregung und Kriegsnot. Und jetzt eben stand ein neuer gewaltiger Kriegszug bevor – gegen Rußland.

Im Frühjahr 1812 erschien Napoleon mit seiner Gemahlin in Dresden. Ihm voran zogen seine prachtvollen Garden, eine Schaar Mamelucken, Trompeter und Trommler – ein buntes kriegerisches Schauspiel für den achtjährigen Ludwig. Täglich gab es nun neues zu sehen, Truppenzüge aller Art, Illuminationen, Feuerwerke, die Einzüge verschiedener Fürsten welche dem Kaiser in Dresden huldigen wollten. Von Schule war natürlich keine Rede in jener Zeit; Ludwig lag den ganzen Tag am Fenster und schaute, was es zu sehen gab. Auch im Hause gabs mancherlei Unterhaltung, denn alles war mit Soldaten besetzt. Diese Einquartierung war um so schlimmer, als für den Vater damals jeder Verdienst aufhörte. Es ist ein Wunder, wie die Familie durchkam. Eine Zeit lang hatten sie dreizehn Mann auf einmal in ihrem bescheidenen Häuslein, denn der Vater hatte auch die Mannschaft noch zu sich genommen, welche zweien über ihm wohnenden Witwen zukam. Oft stand der gute Vater selbst am Kochherd und rührte in einem riesigen Topfe den Brei für die vielen Mitesser.

Bekanntlich endete der russische Feldzug des gewaltigen Eroberers mit der entsetzlichsten Niederlage und dem schrecklichsten Jammer für sein stattliches Heer. Neue Kriege auf deutschem Boden waren die Folge. Die Völker erhoben sich, um das Joch des Kaisers für immer abzuschütteln. Dresden hatte wie wenig andere Städte Deutschlands die Leiden des Krieges zu schmecken. Im August 1813, wo 200000 Soldaten vor Dresden standen, flogen die Kugeln bis in die Straßen und Häuser der Stadt, und ängstlich flüchteten die Bewohner in die Keller. Herzzerreißende Bilder aber sah Ludwig als er am Morgen nach der zweitägigen Schlacht mit dem Vater das Schlachtfeld besuchte, um armen Verwundeten Hilfe zu bringen. Aufs tiefste erschüttert kehrte er nach Hause zurück.

Die Kriegsnöte sollten noch nicht sobald vorübergehen. Die Stadt Dresden wurde eingeschlossen, die Vorräte waren aufgezehrt, die Teuerung nahm überhand. Die Bäcker hatten die Läden geschlossen, wo aber einer am Morgen etwas gebacken hatte, da gab es ein Gedränge, daß man seines Lebens nicht sicher war.

So machte denn auch Ludwig eines Morgens den Versuch, aus einem ganz belagerten Bäckerladen ein Groschenbrötchen zu erlangen. Die gute Bäckersfrau bemerkte ihn und rief, man solle doch den Kleinen heranlassen; und so erhielt er denn für seinen Groschen ein winzig kleines Brötchen. Es fest unter dem Mantel haltend, bemühte er sich aus dem Gedränge herauszukommen; als er jedoch glücklich sich durchgewunden, fand er nur noch ein fingerlanges Stückchen in seiner Hand, was ein mageres Frühstück gab.

Erst als die Franzosen im November 1813 abgezogen waren, brachen bessere Tage an, trafen große Wagen mit Lebensmitteln ein und alles durfte wieder aufatmen.

Wenn man solche schwere Zeiten miterlebt hat, so behält das ganze Leben einen Ernst und man genießt um so dankbarer die Segnungen des Friedens.

4. »Aus dem Bue kann was werde«.

Was Ludwig einmal werden sollte, davon wurde zu Hause kein Wort gesagt – es verstand sich von selber, daß er in des Vaters Fußstapfen trete, als Zeichner und Kupferstecher. Gerade so wurde es später auch mit den Geschwistern gehalten. Als Ludwig 12 Jahre alt war, sagte er der Schule Lebewohl und bekam ein Plätzchen neben des Vaters Arbeitstisch, um auf eigene Faust im Zeichnen sich zu üben, oder dem Vater beim Kopiren und Radiren (d. h. auf Kupfer ätzen) von allerhand Kalenderbildern zu helfen. So hat er, noch ein Kind, die Schlacht von Waterloo, den Wiener Kongreß, dazu grausige Feuersbrünste, Mordtaten, Erdbeben, mit besonders stolzer Empfindung aber Tells Apfelschuß, auf die Kupferplatte eingerissen.

In der Stille hegte Ludwig dabei immer die Hoffnung, er dürfe noch einmal ein Maler werden, denn das schien ihm mit Recht etwas viel herrlicheres als Kupferstecher.

Eines Abends saß er wieder fleißig an seinem Fenster zwischen den duftenden Blumenstöcken über einer Zeichnung und brachte gerade die letzten Verbesserungen an – als sein Pate, der Herr Professor Zingg mit Vater und Mutter ins Zimmer trat. Verlegen wollte Ludwig sein Kunstwerk vor den gestrengen Augen des gepuderten Meisters verbergen, der aber nahm in der Nähe des Knaben Platz und fragte alsbald: »Was macht der Bue da?« Der Vater winkte: »Zeigs mal dem Herrn Professor!« Errötend brachte es der Junge. Der Pate betrachtete die Zeichnung genau, fuhr in der Luft den Linien der abgemalten Esel, Schafe und Menschen nach, unter allerlei beifälligen Tönen, und sagte dann ganz ernsthaft: »Ah by Gott! Aus dem Bue kann was werde.« Dies Lob des ehrfurchtgebietenden Herrn Paten und Professors beschämte den angehenden Künstler und spornte ihn mächtig an; wie ein Samenkorn in die Frühlingserde, fiel das Wort in sein hoffendes Herz, und er arbeitete fortan mit verdoppeltem Eifer.

Bald danach wurde ganz unerwartet der Vater Richter zum Professor an der Kunstakademie ernannt mit einem Gehalte von 200 Talern (M. 600). Das war ein Jubel im ganzen Hause. Ludwig wollte sich besonders darüber freuen, daß der Vater nicht nur so ein gewöhnlicher, sondern ein außerordentlicher Professor geworden sei. Er wußte noch nicht, daß der letztere von einem »ordentlichen Professor« sich hauptsächlich dadurch unterscheidet, daß er weniger Gehalt bekommt als dieser. Immerhin kam die Familie nunmehr in bessere Verhältnisse, auch in eine geräumigere Wohnung; und der Vater hatte fortan stets eine Anzahl Schüler um sich im Haus, welche sich ganz der Kunst widmeten und deren Umgang für Ludwig anregend war.

Von einschneidender Bedeutung für Ludwigs Zukunft sollte ein Mann werden, der scheinbar zufällig und wider Willen in das Richtersche Haus geführt ward. Der Buchhändler Christoph Arnold wollte jemand anders im gleichen Haus besuchen und kam irrtümlich an die Tür des Zimmers, wo Vater und Sohn bei ihren Zeichnungen saßen. Da er den Vater aus früherer Zeit kannte, so trat er ein und verweilte ein wenig. Während er sich mit dem Vater unterhielt, beobachtete er den Sohn mit einem eigentümlichen Interesse, das diesem auffiel, erkundigte sich auch nach seinen Verhältnissen und Arbeiten. Schließlich bestellte er für ein Werk, das er herausgeben wollte, eine größere Folge malerische Ansichten von Dresden und Umgebung und wünschte ausdrücklich, daß auch Ludwig bei der Aufnahme und Ausführung der Zeichnungen mitarbeiten solle; er sehe, daß er Geschmack habe, nach der Natur zu zeichnen.

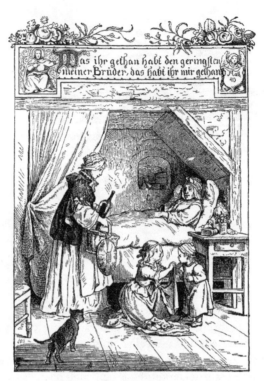

Dieser ehrenvolle und gute Bezahlung versprechende Auftrag war Vater und Sohn sehr willkommen. Im Weggehen reichte der freundliche Buchhändler Ludwig mit Tränen in den Augen die Hand. Draußen erklärte er dem verwunderten Vater, er sei durch Ludwigs Anblick an seinen unlängst verstorbenen Sohn, dem er ähnlich sehe, aufs lebhafteste erinnert worden, und schloß daran den Wunsch, daß doch Ludwig einen bestimmten Abend allwöchentlich in seiner Familie zubringen möchte. Der junge Richter wurde in dem wohlhabenden Hause bald heimisch; er fühlte sich ganz wie ein Sohn behandelt, und fand besonders auch für seine künstlerischen Arbeiten und Pläne das liebevollste Interesse. Vater Arnold war es auch, der im geeigneten Moment zu seiner weiteren Ausbildung die Hand bot und die Mittel gewährte.

Für einen künftigen Maler ist es freilich die Hauptsache, daß er hinauskommt aus seinem engen Bereich in die weite schöne Gotteswelt, wo das Auge neue Bilder, das Gemüt mannigfaltige Eindrücke aufnehmen kann. Wie schlug daher unserm jungen Künstler das Herz, als im Jahre 1820 plötzlich die Frage an ihn erging, ob er nicht Lust habe, den reichen russischen Fürsten Narischkin auf einer Reise nach Frankreich, England, Italien zu begleiten. Der Fürst war Oberkammerherr der russischen Kaiserin, reiste mit großem Gefolge in der Welt herum und wünschte dazu auch einen Maler bei sich zu haben, der ihm überall Skizzen nach der Natur aufnehmen könne. Neben freier Verpflegung und Reise sollte Richter noch ein Jahresgehalt von 100 Dukaten dafür erhalten. Sein Glück war groß und sein Ziel, doch einmal ein Landschaftsmaler zu werden, schien ihm viel näher gerückt.

Im November machte sich die Gesellschaft um Mitternacht in mehreren Reisewagen auf den Weg; von Dresden ging es über Weimar, Frankfurt, Heidelberg, Karlsruhe nach Straßburg und von da über Lyon immer weiter südwärts. Ludwig hatte überall Muße, die schönsten Ansichten aufzunehmen, und der Fürst ermunterte ihn, sie gleich recht sorgsam auszuführen, denn er beabsichtigte ein Album daraus zusammenzustellen und es der Kaiserin zu verehren. Was war das für ein Genuß, als unser Freund, der früher kaum über sein Dresden hinausgekommen war, nun mitten im Winter durch das Land der Zypressen und Lorbeeren, der Oliven- und Mandelbäume dahinfuhr und plötzlich in Marseille von der Höhe herab auf das weite Meer hinschaute, auf dessen wundervollem Blau eine Unzahl weißer Segel wie ausgestreute Blütenflocken erglänzten.

Der Fürst war von Ludwigs Kunst sehr angetan, lobte seine Bilder und
bezeigte ihm öfter seine Gunst. Einmal umarmte er ihn sogar vor einer
großen Gesellschaft und erklärte, er habe ihn lieb wie seinen eigenen Sohn.
Ein andermal überreichte er ihm eine goldene Repetiruhr und bat, dieselbe
als ein Zeichen seiner Erkenntlichkeit und Zufriedenheit zu nehmen. Allein
es gibt nichts unbeständigeres als die Gunst der Großen, das sollte auch
unser junger Freund erfahren. Eines Tages hatte er in Marseille eine
majestätische Piniengruppe, hinter welcher eine Pyramide emporstieg, und
das blaue Meer sich dehnte, aufs Papier gebracht. Täglich arbeitete er
angestrengt an seinen Zeichnungen, während die andern sich ganz dem
Genusse der schönen Natur hingaben. Als er beim Nachmittagskaffee dem
Fürsten seine Blätter vorlegte, bemerkte er sogleich seine üble Laune; und
diese loderte beim Anblick der Pinienlandschaft auf in den häßlichsten Zorn:
»Fort, fort, nehmen Sie es weg, ich mag nichts sehen; gehen Sie fort!« Damit
wandte er sich heftig ab. Bestürzt legte Richter seine Mappe bei Seite, ohne
sich den Unmut des Fürsten erklären zu können.

Ein freundlicher Herr des Gefolges löste ihm nachher das Rätsel. Die Pyramide, ein Grabmal! hatte den Fürsten an den Tod erinnert, und es erschien ihm als ein böses Vorzeichen, daß der Maler für das Album ein solches Bild gewählt hatte. Vom Sterben wollte der Fürst wie viele andere haltlose Menschen, nichts wissen; wehe dem, der ihn irgendwie daran erinnerte!

Von Stund an war Richter in Ungnade gefallen bei der russischen Durchlaucht, und auch die übrige Gesellschaft wandte sich kalt von ihm ab; nur der freundliche Arzt machte eine Ausnahme.

Sie haben dann auch in Paris noch einige Wochen geweilt. Was für bunte Bilder gab es erst dort zu schauen; was für üppige Lust lockte dort von allen

Seiten, manchen unschuldigen Jüngling schon hatte sie in ihren Strudel gezogen. Unser Maler aber war gefeit durch einen Begleiter, den er zwar nicht erwählt, den er sogar gerne weggeschickt hätte, welcher aber Engeldienste versah: das war die Armut; und so kam er unversehrt nach Hause zurück, nach siebenmonatlicher Abwesenheit. Als er in Leipzig seinen ausbedungenen Künstlerlohn in 100 goldenen Dukaten vor sich auf dem Tisch blinken sah, nicht ohne einige freundliche Worte des Fürsten, da dünkte der junge Maler sich so reich wie noch nie, schenkte den Kindern, die im Grünen draußen spielten eben am Johannistage, gleich einige Silbermünzen und jubelte dabei in seinem Herzen: ich bin wieder frei! Die schöne Uhr, die er vom Fürsten erhalten, brachte er dem Vater von der Reise mit. Er selbst war um viele Erfahrungen reicher geworden und seinem Ziele ein gut Stück näher gekommen.

5. Ludwig Richter findet einen Schatz.

Richter konnte fortan sein Brot selbst verdienen. Er machte weitere Zeichnungen für Papa Arnold. Dazwischen brachte er seine ersten Ölbilder auf die Leinwand und studirte was er konnte, um sich fortzubilden. Sein großer Wunsch stand nach Italien, dem Sehnsuchts- und Heimatsland aller Künstler. Dort meinte er, müsse ihm eine große, letzte Förderung erblühen.

Eines Vormittags im schönen Mai des Jahres 1823 trat ganz unerwartet der gute Vater Arnold in das Richtersche Haus. Er rühmte wie hübsch Ludwigs Zeichnungen für sein Buch ausgefallen seien und wie gern dies Buch gekauft werde. Nun müsse aber auch für den Maler etwas rechtes getan werden zur weitern Ausbildung. Er wisse, daß sein Sehnen nach Rom gehe, so solle er nur bald sein Bündel schnüren und ihm die Sorge für das Reisegeld überlassen. Vorderhand wolle er ihm jährlich 400 Taler (M. 1200) auf 3 Jahre aussetzen, damit er ohne Sorgen studiren könne.

Richter wußte nicht wie ihm geschah. Tiefgerührt drückte er seinem Wohltäter beide Hände. Nicht lange danach schnürte er sein Bündel und wanderte südwärts über die Alpen gen Rom, – Eisenbahnen gabs ja damals noch nicht, und auf Schusters Rappen sieht und lernt ein Künstler mehr als im Eilwagen. Die drei Jahre in der Fremde öffneten unserm Freunde allerdings eine ganz neue Welt und bildeten die eigentliche Hochschule für seinen spätern Beruf. Dazu fand er einen großen Schatz unterwegs, und davon muß ich jetzt noch erzählen.

Auf der Romreise blieb er einige Tage im schönen Salzburg, um Ausflüge zu machen. Allein unfreundliches Wetter verhüllte ihm die Reize des Gebirges und zwang ihn in sein Stüblein. Da saß er nun und ließ den Kopf hängen; in seiner Einsamkeit sehnte er sich um so mehr nach einem treuen Reisegefährten, einem Kunstgenossen womöglich, und hatte doch niemand finden können. Da klopft es an seine Tür, herein tritt ein älterer Mann, sehr sauber, und auf dem wettergebräunten Gesicht standen Tüchtigkeit und Ehrenhaftigkeit geschrieben. Er erzählte, er sei Steuermann auf einem holländischen Schiff gewesen und habe Schiffbruch gelitten; nun müsse er über Land sich durchschlagen zu Weib und Kind in Holland. Das sagte er so treuherzig und bescheiden, daß der junge Maler ohne weiteres in die Tasche griff und dem Seemann forthalf. Der dankte freundlich, sah ihn lange an als möchte er dem Geber auch etwas Liebes erzeigen und sagte: »Ich habe einen langen Weg vor mir, aber ich habe einen guten Reisegefährten!« – »O das ist ja ein Glück«, rief nun der andere lebhaft im Gefühl seiner Entbehrung, »wer ist es denn?« – »Es ist der liebe Herrgott selber«, erwiederte der Seemann, ein kleines neues Testament aus der Brusttasche ziehend, »und hier habe ich seine Worte; wenn ich mit ihm rede, so antwortet er mir daraus. So wandere ich getrost, lieber junger Herr!«

Merkwürdig, diese Rede des einfachen Mannes traf das Herz des jungen Künstlers wie ein Pfeil und der Stachel davon blieb lange darin stecken. Hatte er doch mit dem lieben Gott bisher noch wenig oder nichts sich zu schaffen gemacht und eine Bibel noch niemals gesehen. Dieser arme Mann aber sprach und sah aus, als kenne er Gott recht wohl, als stehe er im lebendigsten

Verkehr mit ihm, daher auch sein getroster Mut. Und er fing an, ihn um seinen Schatz, das Büchlein zu beneiden.

Wenige Tage darauf führte ihn die Reise durch das Zillertal. Von einem Unwetter überfallen, mußte er in einer bescheidenen Dorfschenke Halt machen. Er fragte die Wirtin, ob sie nichts zu lesen habe. Unter den Büchern, die sie ihm in ihrer Schürze bringt, lauter Andachtsbücher, findet er eins, das bei seinem Papa Arnold verlegt war, demselben der ihm das Geld zur Reise gegeben. Das ist ihm wie ein Gruß aus der Heimat; er blättert darin und findet die Abschiedsreden Jesu aus dem Evangelium Johannis. Es war ihm ganz neu, daß man solche längere Reden Jesu besitze. Da vernahm er zum ersten Male die wunderbaren Worte: Ich bin der Weg, die Wahrheit und das Leben, Niemand kommt zum Vater denn durch mich. Liebet ihr mich, so haltet meine Gebote. Und ich will den Vater bitten und er soll euch einen andern Tröster geben, daß er bei euch bleibe ewiglich. Diese Worte ergriffen ihn wie Glockentöne aus dem Walde, wie Klänge aus einer andern Welt. Obwohl er ihren Sinn nicht verstand, hörte er ein leises Echo in seinem Innern und das treuherzige Gesicht des alten Steuermannes tauchte wieder auf vor seiner Seele.

Monate vergingen. Richter schien in Rom am Ziel seiner Wünsche. Natur und Kunst boten im alles, was er für sein Studium brauchte; auch fand er Kunstgenossen und Freunde genug. In der Tat, er war glücklich. Und doch, was war das für ein Heimweh in seiner Brust? Warum überwältigte ihn zuweilen das Gefühl, als ob ihm alles fehle? Und er kam sich vor wie ein einsamer Schiffer, der ohne Steuer und Kompaß von Wind und Wellen getrieben wird, am Himmel Nacht und kein leuchtendes Sternlein. Da fiel im einst ein merkwürdiges Buch in die Hand: Stillings Jugend- und Wanderjahre, darin fesselte ihn ein Wort und traf ihn ins Herz; es lautete: »Wenn der Mensch nicht dahin gelangt, daß er Gott mit einer starken Leidenschaft liebt, so hilft ihn alles nichts, und er kommt nicht weiter.«

Aber wie sollte er zu solcher Liebe gelangen? Diese Frage bewegte ihn unausgesetzt viele Tage lang. Und Gott sandte ihm einen Freund zur Hilfe. Ein junger Maler, Ludwig von Maydell war aus Schweden kürzlich nach Rom gekommen. Richter fühlte sich sogleich wunderbar zu dem schlichten, festen, fleißigen Manne hingezogen. Am Sylvesterabend des Jahres 1824 hatte er ihm versprochen von 10 Uhr ab bei ihm zuzubringen. Zur verabredeten Stunde suchte er ihn auf und findet ihn nicht gleich. Schon lenkt er seine Schritte in die nächste Straße wo viele junge Künstler sich zu einem lustigen Feste versammelt hatten; schon erblickt er die leuchtenden Fenster und hört ihren Gesang, da schaut er nochmals zurück zu den beiden Dachfenstern, hinter denen der ernste Freund wohnte. Ein geheimer Zug des Herzens entschied für diesen. Er versuchts noch einmal, dringt durch das Dunkel der schmalen Gänge und Treppen durch und findet Maydell in der Küche, den Tee bereitend. Lachend über Richters Irrfahrt, führt er ihn in die Stube, wo noch zwei andere junge Maler warteten. Bald saßen die vier bei traulichem Gespräche um den Tisch. Zuletzt um Mitternacht las Maydell auf Bitten der andern den 8. Psalm.

»Wenn ich schau den Himmel, Deiner Finger Werk,Den Mond und die
Sterne, die Du bereitet, –Was ist der Mensch, daß Du sein gedenkest,Und
das Menschenkind, daß Du Dich sein annimmst?«

Aus den einfachen warmen Worten, die die Freunde daran schlossen,
merkte Richter, daß sie hatten, was ihm noch fehlte: Der Glaube an Gott und
Christum war der Mittelpunkt ihres Lebens und Strebens. Stillbewegt hörte
er zu. In dieser Nacht ging eine große Umwandlung mit ihm vor. Als die
Freunde zum Schluß den alten schönen Choral anstimmten: Nun danket alle
Gott – da konnte auch unser Ludwig Richter freudigen Herzens mitsingen.
Und als am Neujahrsmorgen die Sonne ihre ersten Strahlen in Richters
Kämmerlein sandte und der Ton des Morgenglöckleins vom benachbarten
Kirchlein in sein Fenster drang – erwachte er aus tiefem Schlafe mit dem
Gefühl eines unaussprechlichen Glückes, das ihm zu Teil geworden, Friede
und Freude erfüllte sein Herz, er fühlte sich wie neugeboren und es war ihm
als müsse er die ganze Welt an sein Herz drücken. Wie ein Blitz durchdrang
ihn das Bewußtsein: »ich habe Gott, ich habe meinen Heiland gefunden, nun
ist alles gut, nun ist mir ewig wohl.«

Es läßt sich denken, daß er von da an mit Maydell durch innigste Freundschaft verbunden blieb bis an sein Ende. Zeitlebens hat er Gott gedankt für den Schatz, den er damals bei jenem Freunde gefunden. Im Alter schrieb er einmal am Sylvesterabend in sein Tagebuch: Heut um die Mitternacht wird es fünfzig Jahre, ein halbes Jahrhundert, daß ich in Rom mit Maydell beisammen war und mir in der Finsternis, die mich mit Bangen erfüllte, ein helles Licht ausging. In jener Nacht fand ich den Weg zu Gott und zu unserm Herrn Jesu Christo.

So ists gekommen, daß Richter später nicht blos ein großer Maler, sondern auch ein frommer Maler ward.

6. Auf der Höhe des Lebens.

In Rom malte Richter sein erstes großes Ölgemälde und sandte es seinem Wohltäter, dem Vater Arnold, zum Dankgeschenk. Ein zweites Bild das er nach Dresden schickte, wurde von der dortigen Kunstakademie sehr ehrenvoll aufgenommen und belohnt. Richter war ein großer Künstler geworden. Am 1. April 1827 trat er den Heimweg wieder an. Sein treuer Freund in Rom, der evangelische Gesandtschaftsprediger Rothe, machte ihm ein eigentümliches Geschenk zum Abschied, das von liebevoller Fürsorge zeugte. Er bescheerte ihm nämlich ein – feines schwarzes Hündlein, das ihm als Reisegefährte dienen sollte. Gar treuherzig sah der kleine Spitz bei der Vorstellung zu seinem neuen Herrn auf, setzte sich auf die Hinterpfoten und streckte süßsauer lächelnd die Zunge heraus. Piccinino hieß das Hündchen, wurde aber im deutschen Land später einfach Pitsch gerufen. Es sollte dem fußreisenden Künstler, dem eifrigen Läufer als Hemmschuh dienen, damit er sich nicht wieder wie auf der Herreise durch Gewaltmärsche krank mache; der Freund wußte, daß der warmherzige Richter dem Tierchen keine Strapazen zumuten werde.

Was für eine Freude, als der Sohn endlich wieder im Elternhause in Dresden anlangte. »Sieh da, Ludwig der Römer! Nun schön willkommen!« so rief ihm der Vater entgegen. Ludwig mußte aber jetzt auf eigenen Füßen stehen. Er mietete eine kleine Wohnung für sich und nun gings an ein fröhliches Schaffen.

Noch im selben Jahre feierte unser Maler seine Hochzeit mit Gustchen – Auguste – Freudenberg von Dresden, die er schon lange geliebt. 27 Jahr lang war er mit ihr aufs innigste verbunden, ein reiches, schönes Familienleben wurde ihnen bescheert.

Kaum hatte Richter seinen Hausstand begründet, so erhielt er einen Ruf als Lehrer an die Zeichenschule in Meißen mit einem Jahresgehalt von M. 600. – Das war freilich zum Leben viel zu wenig, aber es war doch etwas sicheres, und das ist für einen angehenden Künstler viel wert. Daneben hoffte er durch Verkauf von Bildern das Nötige zu verdienen. So zog er freudig in das schöne Meißen, dessen malerische Lage im Elbtal, 5 Stunden nördlich von Dresden ihn längst entzückt hatte. Die Zeichenschule befand sich auf der das Städtchen hoch überragenden Albrechtsburg, einem in gotischen Stil kunstreich erbauten Schlosse; auf hoher Wendeltreppe stieg man zu den herrlichen Räumen der Kunstschule hinan, wo die Plätze der jungen Zeichner sich wie »Sperlingsnester am Hochaltar« ausnahmen und den weitesten Ausblick auf Stadt und Strom boten. Richter selbst wohnte in einem altertümlichen hohen Haus gegenüber; und das trauliche Heim belebte sich bald auch durch Kinderstimmen. Das älteste Töchterlein Marie wurde geboren, als gerade vom Turm der Choral geblasen wurde: Nun danket alle Gott. Danach folgten Heinemännel (Heinrich) und Aimée. Wie manchmal hat des Vaters Stift der Kinder frohes Spiel und der Mutter treue Fürsorge gezeichnet; und das gelang ihm noch viel besser als Landschaften zu malen. Er merkte, daß die Darstellung deutschen Familien- und Volkslebens sein eigentliches Gebiet sei. So entstanden in Meißen die ersten der sinnigen herzerfreuenden Bilder, die Richter zum Liebling des deutschen Volkes und besonders der Kinder gemacht haben. An langen Winterabenden saß der

Maler oft mit den Kindlein am Ofen, erzählte Geschichten und zeigte Bilder. Zuletzt greift er auf ihr Verlangen und Betteln zum Stift und zeichnet vor ihren Augen die Erlebnisse des Tages, macht auch wohl noch lustige Verslein dazu, die sich den Kindern wie von selbst einprägen. Wie jauchzten die Kleinen, wenn sie unter des Vaters Händen die Gestalten gleichsam hervorwachsen sahen, wenn sie forschten und errieten, was für ein Bild sich wohl aus den einzelnen Linien entwickeln werde. In Erinnerung an diese schönen Abendstunden und an die Freude seiner eigenen Kinder hat Richter später seine Bilderbücher »Fürs Haus« herausgegeben – vielleicht das Beste was er dem deutschen Hause geboten hat.

Manche Sorgen und Krankheit der geliebten Frau trübten die Meißner Zeit für unsern Künstler; er hat sie scherzend die sieben magern Jahre Pharaos genannt, weils oft knapp herging in seinem Haushalte. Aber sein lebendiges Gottvertrauen und froher Mut hielten ihn aufrecht – und zur rechten Zeit wurde er nach Auflösung der Meißner Zeichenschule 1835 als Akademielehrer nach Dresden berufen an des pensionirten Vaters Stelle. So durfte Richter von schwerer Last befreit, wieder in seine geliebte Vaterstadt zurückkehren, und neue Schaffenslust entfalten. 1841 erhielt er den Professorentitel. Auch wurden ihm noch zwei herzige Töchterlein, Helene und Lieschen beschert. Warme Liebe umgab ihn zu Hause; seine Schüler hingen voll Verehrung an ihm; seine Kunst brachte ihm mehr und mehr Gunst und Erfolg, er war ein glücklicher Mann und hatte die Höhe des Lebens gewonnen.

Von allen Seiten bekam er Aufträge und sein Stift konnte zeitweise den vielen Wünschen und Bestellungen nicht nachkommen. Viele der Zeichnungen hat seine Tochter Aimée in Holz geschnitten sowie deren Mann, der treffliche August Gaber.

Wäre Richter, wie er ursprünglich sich wünschte, ein Landschaftsmaler geworden und geblieben, so hätte er für reiche Leute, hohe Herren und für Gemäldegalerien Bilder geliefert, und hätte dort für seine Kunstwerke gewiß Anerkennung und Bewunderung gefunden – dem Volke aber, dem einfachen Manne und der Kinderwelt wäre er unbekannt geblieben. Durch die Holzschnitte jedoch, mit denen er die verschiedensten Volks- und Jugendbücher illustrierte, ist er ein rechter Hausfreund geworden. Gott hat ihm eine wunderbare Gabe verliehen, anschaulich, verständlich und dabei mit viel Humor und Liebenswürdigkeit das tägliche Tun und Treiben der Menschen in Haus und Hof, in Feld und Wald, in Lust und Leid, darzustellen, als einer der alles selber erlebt und empfunden hat.

Von Trauer ist sein schönes Familienleben nicht verschont geblieben. Unter den blühenden Rosen des reizend gelegenen Gartenhauses am Haldenschlag erkrankte die älteste Tochter Marie und entschlief nach heißem Kampf, erst achtzehnjährig. Aus jenem großen Leid stammen Richters ergreifende Zeichnungen zu den Liedern: »Es ist bestimmt in Gottes Rat«, und »Es ist ein Schnitter der heißt Tod«, sowie von dem Nachtwächter am offenen Grabe, mit dem bedeutsamen Worte »Marie« auf dem Grabkreuz daneben.

Noch schwerer war der Schlag, der Richter im Sommer 1854 traf, da ihm ganz plötzlich seine treue Hausfrau von der Seite gerissen wurde.

Seine eigenen Kräfte hatten schon begonnen abzunehmen infolge Überanstrengung in Dresden. Im nahen Loschwitz an der Elbe hatte er sich ein hübsch an den Bergeshang gelehntes Bauernhaus gekauft, wo er stillen Sommeraufenthalt mit den Seinen liebte. Im Jahre 1874 erschien sein letztes Werk. Ein einzelnes Blatt aus dem gleichen Jahr trägt seine eigenhändige Unterschrift: Meine letzte Zeichnung L. Richter. Ein Augenleiden, infolge der feinen Zeichen- und Radierarbeiten, hatte dem fleißigen Künstler Halt geboten.

Er benutzte die Muße, um seine Jugenderinnerungen aufzuschreiben. Er hat sie zum Teil seinem Sohne Heinrich diktiert und es ist ein herrliches Buch daraus geworden, das Jedermann nur mit Genuß lesen kann. Als Richter seines Augenlichts zuletzt ganz beraubt war, wurde er von seinen Freunden vielfach bemitleidet. So meinte einmal einer von ihnen, als der Meister im Garten auf und ab ging: ob es ihm, der so viel Sinn für die Herrlichkeit Gottes in seinen Werken gehabt habe, nicht recht schwer sei alle die Blumenpracht jetzt nicht mehr bewundern zu können? »O«, sagte der edle Mann lächelnd, »wenn ich mich so in der schönen Natur ergehe, finde ich gar mancherlei blühende Blumen. Ich überdenke da mein langes Leben und pflücke in so viel herrlichen Erfahrungen ein Blümlein ums andere, bis es am Ende ein großer Strauß wird von lauter Gnadenerweisungen meines Gottes und Heilandes, – an dem sich mein inneres Auge nicht satt sehen kann.«

An mancherlei Ehrungen hat es dem großen Künstler nicht gefehlt. Der alte Kaiser Wilhelm I. setzte ihm 1876 einen Ehrensold aus von jährlich Mk. 3000. Die Stadt Dresden ernannte ihn zum Ehrenbürger. Am 80. Geburtstag wurden ihm zahllose Liebes- und Ehrenbezeugungen von allen Seiten, darunter auch ein glänzender Ordensstern von seinem sächsischen Landesherrn, zu Teil.

Er blieb der schlichte bescheidene Mann, der er immer gewesen. Bevor er sich früh an den Arbeitstisch setzte, las er den Seinen den Morgensegen. Ein bequemer brauner Hauspelz war sein täglich Kleid. Enkel und Urenkel hat er gesehen und fröhlich mit ihnen gescherzt. Am 19. Juni 1884 beschloß er sein reiches gesegnetes Leben in seiner Vaterstadt Dresden. Sie hat ihn im Denkmal verewigt auf der berühmten Brühlschen Terrasse, freundlichen, sinnenden Blickes schaut der Meister in die Ferne, das Skizzenbuch bereit auf seinem Schoß; um den Sockel aber spielen Eidechse und Farrenkraut. Er selbst hat gern unter sein Bild, unter den gütigen, geist- und gemütvollen, von weißem Haar umwallten Kopf, die Worte gesetzt:

»Große Gedanken und ein reines Herz, das ist's was wir uns von Gott erbitten sollten.«

Und wir setzen dazu:

»Selig sind die reines Herzens sind, denn sie werden Gott schauen.«

CPSIA information can be obtained
at www.ICGtesting.com
Printed in the USA
LVHW111225131222
735075LV00006B/935